CB047701

Poemas tristes

Poemas tristes

Francisco Caruso & Mirian de Carvalho

Copyright © 2024 Francisco Caruso & Mirian de Carvalho
1ª Edição
Direção Editorial: Victor Pereira Marinho e
José Roberto Marinho
Projeto gráfico e diagramação: Francisco Caruso
Capa: Fabrício Ribeiro

Texto em conformidade com as novas regras ortográficas do Acordo da Língua Portuguesa.

Dados Internacionais de Catalogação na Publicação (CIP)
(Câmara Brasileira do Livro, SP, Brasil)

Caruso, Francisco
Poemas tristes / Francisco Caruso & Mirian de Carvalho. – São Paulo: LF Editorial, 2024.

ISBN 978-65-5563-480-8

1. Poesia brasileira I. Carvalho, Mirian de. II. Título.

24-219919 CDD-B869.1

Índices para catálogo sistemático:
1. Poesia: Literatura brasileira B869.1
ISBN 978-65-5563-480-8
Tábata Alves da Silva - Bibliotecária - CRB-8/9253

Todos os direitos reservados. Nenhuma parte desta obra poderá ser reproduzida sejam quais forem os meios empregados sem a permissão da Editora. Aos infratores aplicam-se as sanções previstas nos artigos 102, 104, 106 e 107 da Lei n. 9.610, de 19 de fevereiro de 1998.

Impresso no Brasil
Printed in Brazil
Editora Livraria da Física
Tel./Fax: +55 11 2648-6666 / 3936-3413
www.livrariadafisica.com.br
www.lfeditorial.com.br

Uma capa de livro à procura de dois autores

ensando nas figurações do metateatro, me lembrei de *Seis personagens à procura de um autor*, curiosa peça de Pirandello, encenada em 1921, cujos diálogos giram em torno de seis personagens que entram no espaço de um ensaio, e pedem ao diretor para incluí-los num texto de sua autoria. O sim demorou. E o diretor se tornou dramaturgo. Mas no palco, entre os personagens e o autor, desenrolam-se tensas discussões quanto ao enfoque da vida no plano real e no plano da cena, uma vez que cada personagem valoriza seu papel em meio ao dia a dia do estar no mundo.

Por que evocar uma peça na apresentação de um livro de poesias?

O teatro e a poesia têm mais elos na sua origem do que aqueles que se ressaltam na nossa vã filosofia. Pode até ser dito que todas as artes revelam algo em comum: a livre imaginação criativa para enfrentar qualquer tipo de despotismo. E alcançar a vida plena. Como se visualizasse um cenário, Francisco Caruso fotografou uma paisagem. Entre rubricas, a iluminação tênue idealizou a capa de um livro. Mas, ao perceber que precisava de dois autores que não a descrevessem visualmente, a imagem humanizou-se e definiu marcações. Ao ver-se impressa, ela mesma escolheu o título do livro: *Poemas tristes*. E posicionou

Caruso e eu no papel de autores.

Sabendo que numa foto podemos descobrir o que não foi fotografado, ambos aceitamos atuar e percorremos todas as nuances visíveis e invisíveis nos sombreados da imagem clicada. Penumbrismo não faz parte nem do meu repertório nem do de Caruso. Bem longe de nós está o tempo desse estilo, que, na passagem do Simbolismo ao Modernismo, congregou grandes poetas. Da penumbra à imaginária entreluz, ao perceber nossas dúvidas, cordata e gentil – em seu enevoado jeito de ser –, a capa nos sugeriu trilha diversa, porque "na poesia emerge sempre um lado dramático", assim nos disse.

Dando vez e voz à imaginação, não optamos pela écfrase, recurso, que, pela palavra, alude, evoca e descreve algo visualizado a ser transmitido ao leitor. Ao surgirem como figurações do não visto naquela imagem, meus versos e os de Caruso tangenciam a temática do amor, sob ângulos diversos. Entanto, a imaginação enxerga o que não viu e, escritos os primeiros poemas, seu olhar de esfinge saiu teclado afora, com asas de falcão-peregrino, que é o pássaro mais veloz do mundo. Sombras e luzes não reveladas na foto acolheram nossos versos. E surpreenderam Eros e Narciso trocando de roupa no camarim.

Mirian de Carvalho
Rio de Janeiro, 5 de agosto de 2024.

Sumário

Uma capa de livro à procura de dois autores   v

Parte I   1

Poemas de Francisco Caruso   3
   Devaneio   3
   Coisas bobas   5
   Culpa   7
   Vendaval   9
   Escape   11
   Último voo   13
   O espelho   15
   Despedida   17
   Sem ti   19
   Não vou   21
   Dúvida   23
   Por onde   25
   Reencontro?   27
   Soneto da velhice   29

A hora 31

Parte II   **33**

Poemas de Mirian de Carvalho   **35**
Adverso 35
Fuga 37
Alvores 39
Pétalas........................... 41
Sombra 43
Inesperado 45
Desespero 47
Nada 49
Memória 51
Tempo........................... 53
Abismos 55
Eu, ilusória imagem 57
Eu, pleno olhar 59
Meu ofício 61
Era e não era eu 63

Sobre os autores   **67**
Francisco Caruso 67
Mirian de Carvalho 71

Parte I

"Mary Magdalene Grieving" detail of The Death
of the Virgin, de Caravaggio (1605–1606).

Devaneio

la se foi como veio
veio sem rodeio
veio sem anseio
ficou o devaneio.

Coisas bobas

ada vez mais,
me emociono
com coisas bobas.
Que bobagem!
Bobagem é achar
que são mesmo bobas
as coisas simples
que nos tornam humanos.

O momento da saudade
do amigo que se foi,
pontuado por uma lágrima,
capaz de brotar do nada,
não é bobagem. É amizade.
Também não é bobagem
se emocionar com a imagem
daquele cavalo ilhado
recluso no canto de um telhado
pela força de uma tempestade.
É empatia por todo ser vivo
que tem direito ao respeito
e a viver em liberdade.

Bobagem é mesmo crer
que essas coisas simples,
miúdas, não fazem parte
do alicerce sobre o qual se ergue
a grandeza dos humanos.

Culpa

ão creio que haja culpa no amor,
apenas egoista individualidade,
que pode causar dor e distância
e relegar amantes à saudade.

Vendaval

hegaste como um vendaval
levando fotos, medos, lembranças
em um redemoinho sem igual.
Seguiu-se a calmaria habitual
e te vi partir infeliz num dia triste.
Não mais havia sussurro ou brisa.
Na letargia da sucessão dos dias,
vi a tempestade implacável se formar
e restou o que muitos chamam saudade.

Escape

e longe te vejo chegar
e, beijando-me, sinto-te perto
me refugio nas lembranças,
para escapar da tua partida.

Último voo

á muitos anos me apaixonava por uma avezinha.
Dela sempre cuidei e nunca cortei sua asa.
Meu ombro era seu lugar preferido da casa
e me chamava toda vez que entrava na cozinha.

Hoje pela manhã, sem qualquer sinal, ela resolveu partir.
Ciente que o voo era pra bem longe, antes, um pouco comeu
e, para não ter sede, das minhas lágrimas duas gotas bebeu.
Assim foi, certa de que com ela meu coração vou sempre repartir.

O espelho

o mirar-me no espelho,
não mais te vejo refletida
desde tua abrupta partida,
sem desculpa, sem conselho.

Insólita e esquiva demais a sensação,
da qual somente agora me dou conta,
de que teu terno rosto não mais desponta
retratado, conquanto perdures em meu coração.

Do espelho, coitado, o que reclamar?
Ele segue leis rígidas, não faz mágica,
nem quando a vida torna-se letárgica.

O espelho é incapaz de tramar
o retorno da imagem nostálgica
mesmo quando a ausência é trágica.

No espelho, aprendi, não mais te devo buscar!

Despedida

ão houve despedida.
 O silêncio ensurdecedor
 da ausência marcou a dor
 de uma distância desmedida.

O que foi feito daquele amor?
A mudez vivificou maior temor:
Das juras em sussurros não há mais rumor,
tampouco do arroubo ecoante clamor.

Quiçá em cada um de nós ele todavia viva
amordaçado, solitário, incomunicável,
e, ainda assim, talvez, um dia reviva.

Se destarte efetivamente fosse,
seria de fato a despedida vã e cruel,
pois traria a dor sem destruir o amor.

Sem ti

onhando,
longo período vivi
solitário, sem ti,
te imaginando.

Quando te encontrei
logo tanto te cobicei
a amar me entreguei
e contigo me realizei.

Então, a utopia acabou
o êxtase secou
a alegria murchou
e a vida mudou.

Hoje em dia, sem ti,
a sofrer sou propenso
e tristemente só penso
em ti, meu amor, em ti.

Não vou

ão vou chorar
quando a escuridão chegar
não vou chorar
quando a tristeza se instalar.

Vou ser forte
quando a sorte nos deixar
vou ser forte
quando a morte nos espreitar.

Não vou ser forte
quando você me deixar
vou chorar
quando nosso amor acabar.

Dúvida

stou hoje em dúvida
se não entendo você,
se não me compreendo,
ou, enfim, se desconheço
as armadilhas do amor.

Mas sinto a realidade da dor
o triste início do desapreço.
Agora, da solidão entendo,
ainda lamento perder você
restando-me esperança na vida.

Por onde

or onde andei
por onde sonhei
por ti procurei.

Não te encontrei
e sempre te amei
sempre te desejei.

Onde estás?
Não sei mais
por onde te buscarei
por onde me acharei.

Reencontro?

 ão havia pudor
não havia rancor.
Havia cumplicidade
havia amizade.

Não havia solidão
só o outro no coração.

Não há mais paixão pulsante,
resta um vazio dominante.

Não há mais amor
só lancinante dor.

Com sua voz de vez calada,
resta uma saudade enraizada...

A alma, clamante, por necessidade
e impulso, tenta recriar a felicidade.

Soneto da velhice

uando o espelho refletir a velhice,
talvez de muito me lembre pouco
talvez a vida seja uma chatice
ou esteja confuso como um louco.

Em meio à névoa do esquecimento,
talvez não saiba bem onde esteja
talvez me tenha fugido a causalidade
ou mal me lembre do doce momento

Em que abriguei teu coração no meu.
Talvez, enfim, quiçá vislumbre teu reflexo
certo do amor vivido com rara felicidade.

Foi de fato consequência, e não causa,
do desejo fugaz que invadiu minh'alma,
quando o futuro contigo ecoou na eternidade.

A hora

uando foste embora
não havia o que perdoar;
restava sonhar com a hora
de o amor de novo aflorar.

Parte II

"Narciso", de Caravaggio (1597–1599).

Adverso

entro das águas num ciclo intranquilo
o vão do desejo não sobrevive
inda que à voz do dia nos cative
a luz do amor negando um codicilo.

Ao solo da rocha que se quebrou
ou no translúcido da asa do inseto,
ante o vazio de um ato incompleto
quem se pensara amante não amou.

Sobre o leito da pedra corroída
toda luz se esconde numa bainha.
E Narciso repete triste lida.

Cada hora por fim se esvai sozinha
tão logo encontre porto de partida
no adverso que se fez entrelinha.

Fuga

nte o corpo que flutuava,
ilusório oceano ungia as mãos
que lhe estimulavam o sexo.

À ingenuidade do ansioso olhar
o uno e o duplo desconheceram-se.

Na quietude da infensa lonjura,
malabarismos e sortilégios
contemplações fortuitas.

Ousado recato.
Sigiloso afeto.

Alvores

o olhar que não se quedou,
crivos de luz nas águas acessas
a vida anunciada em alvores
numa proximidade do outro
acolhido pelo reflexo.

Meu olhar penetrava a volúpia das águas,
das águas ardentes a envolver o amado.

Num tempo futuro
o macho, a fêmea e a flor
uma só pessoa.

Pétalas

Tenso e ambíguo caule de seda e carne
doando-se inteiro ao olhar do amante.

Beijado por lábios de líquen,
meu púbis, despudorada trama
acariciada pelas luzes deslizantes
no falo d'água.

Sob as cores da tarde,
línguas fluidas lamberam-me
o veludo das pétalas abrindo-se.

Abrindo-se de langor.

Entre o olhar e o cristal
o tempo confirmava
desesperanças.

Sombra

em que Narciso a escolhesse,
torturante máscara confirmou
seu intento.

Sufocado o ânimo das vísceras,
breve tempo do olhar irrealizou-se
no eterno gozo que poderia ter sido.

Tecendo o excesso do vazio,
ouviam-se lamentosas vozes
de um canto triste.

Inesperado

 amor, desígnio do eterno.

Pelo outro que o contemplava
sentiu-se inteiro e desejado
ao ouvir palavras não ditas.

Junto ao martírio da distância
dilacerou-se a figuração do amante;
profundezas se perderam
na sua própria imagem
que o seduzira.

Turbulentas águas vertiam
inesgotável solidão e vazio.

Desespero

a sedução à fantasia,
entre os reflexos do espelho vivo
ambíguo olhar atravessava as águas.

Aconchegado numa barca de quimeras
o desespero sorvia o desfecho da cena.

Nada

nte o repouso do errante no fosso do dia
ouviu-se o chamado da noite em adversa trilha.
E o sumidouro da luz em fuga redobrou-se
nas crateras de uma lua escondida.

Enganosas cores do tempo
junto ao nada que restaria.

Saciado o desejo,
triste olhar perdido
numa trêmula esteira
de espuma.

Memória

lmejando lonjuras no curso do rio
longas horas apegavam-se às margens.

Sobre o leito do desencanto
a ausência escreveu uma elegia.
E vozes roucas escandiam nos versos
o suplício das águas feridas.

Tempo

mbriagado pela textura da seiva
era ele o outro que o contemplara;
seus, os lábios que conheceram
desnudo corpo em êxtase.

Esvaziada a taça do gozo
esgotado o instante da sedução
esmaecia-se o vermelho da bebida.

Tudo se transformara em nada.

O tempo, apenas aniquilamento.

Abismos

ntre palavras e certezas
o oráculo anunciara impossível destino;
no leito do rio, ensombreada máscara d'água
jorrava interstícios da previsão
que se confirmaria.

Um peixe de lavas explodiu de espanto.

O que poderia ter sido não vingou
inda que do insólito encontro restasse
farto sêmen incontido no falo.

Eu, ilusória imagem

*u sou aquele que me ama
sabendo-me furtivo cio da noite.
Eu sou aquele que te ama inteiro
reconhecendo-me em teu rosto
ilusória imagem.*

Fictício encontro.
Enredo inconcluso.

Onde o ânimo da vida?
Onde a trégua do impossível?
A tensa calma do cristal?
As promessas da moldura?

Dentro das águas convulsas,
teu vulto, não mais que fantasma,
afogara-se na fonte da sede.

Eu, pleno olhar

 as águas sem turbulência,
não sou mais que contemplação,
onde os lábios do outro
a percorrer-me o sexo
encontram a imagem
do amado.

Eu, pleno olhar, paixão enternecida.

Ele, névoa a esconder-me a inquietude.

Meu ofício

er-me na luz
que em meu corpo se completa
e se contempla, este, meu ofício:
contemplar-me.

Desavisado olhar do desejo
se fez flúmen do sêmen perdido
nas entranhas do amante fugidio.

E, ante a irrealizada cópula,
águas enfurecidas desceram
o sumidouro da paixão.

Era e não era eu

obre o dorso do rio Cefiso
deslizavam ao meu encontro
cardumes de ninfas.

Fantasiosa visão, era eu.

Atento ao engano das águas calmas,
o outro que me desejava
era e não era eu.

Ante a tarde exaurida
amei aquele estranho.

Do nada que restaria,
sei que me amo
como sou.

*Em minha imagem líquida,
o ilusório cria espelhos que se acariciam
ante a própria contemplação.*

*Em meu olhar, o engano derrama
luzes de um fictício encantamento.*

Francisco Caruso. Foto de Cristina Silveira.

Francisco Caruso

rancisco Caruso, físico e bibliófilo, nasceu no Rio de Janeiro, em 28 de outubro de 1959. É pesquisador titular do Centro Brasileiro de Pesquisas Físicas (CBPF) e professor associado, aposentado, do Instituto de Física da Universidade do Estado do Rio de Janeiro (UERJ). Além de um expressivo número de artigos científicos, de ensino e história da ciência, de filosofia e de divulgação, publicou, com diversos colaboradores, 50 livros e editou outros 41.

A primeira edição da obra *Física Moderna: Origens Clássicas e Fundamentos Quânticos* (Elsevier, 2006), escrita com Vitor Oguri, foi agraciada com o *Prêmio Jabuti*, em 2007. Com Roberto Moreira, escreveu *O livro, o espaço e a natureza: ensaio sobre as leituras do mundo, as mutações da cultura e do sujeito*, cuja segunda edição veio à luz pela Livraria da Física em dezembro de 2020.

Foi agraciado, em 1996, com o *Prêmio Jovem Cientista* do CNPq. É membro titular do Pen Clube do Brasil (2008), das Academias Paraense e Roraimense de Ciências (2009), da União Brasileira de Escritores (2010), da Sociedade Brasileira de História da Ciência (2013) e da Academia Brasileira de Filosofia (2013).

Publicou, em 2021, a trilogia de livros de poemas: *Do amor silenciado*, *Do amor perdido* e *Do amor eternizado*; com Cecília Costa e Mirian de Carvalho, a *Pequena antologia amorosa*. Em 2022, vieram à luz *Cinzas de um amor*, *50 pequenos poemas para um grande amor*, *50 poemas para um novo amor* e *Quartetos de amor*, volumes I, II e III, enquanto os volume IV e V foram publicados em 2023, juntamente coma antologia *51 Quartetos sobre o amor escolhidos pelo autor* e *Visitações ao amor* (Organizado com Mirian de Carvalho), que traz poemas de Tanussi Cardoso, Adriano Espínola, Sergio Fonta, Cláudio Murilo Leal, Edir Meirelles, Carmen Moreno, Antonio Carlos Secchin e Maria Dolores Wanderley; Em 2024, saiu o volume VI de *Quartetos de amor*, todos pela Editora Livraria da Física.

A obra *Cinzas de um amor* recebeu Menção Honrosa no Concurso Internacional de Literatura 2023 da União Brasileira de Escritores (Ube-RJ), Prêmio Marcos Vinicius Quiroga, na categoria poesia.

Mirian de Carvalho. Foto de Aline Borges.

Mirian de Carvalho

outora em Filosofia pela Universidade Federal do Rio de Janeiro (UFRJ). Membro da Associação Brasileira de Críticos de Arte (ABCA); da Associação Internacional de Críticos de Arte (AICA); da União Brasileira de Escritores (UBE) – RJ e SP, e do PEN Clube. Nos dias atuais, dedica-se à poesia, à dramaturgia, à crônica e à pesquisa no campo da cultura brasileira. Foi agraciada com vários prêmios literários, entre eles o **João do Rio** (poesia) e a **Medalha José de Anchieta**, que lhe foram concedidos pela Academia Carioca de Letras, em 2016. Nesse mesmo ano recebeu o *Prêmio Sérgio Milliet*, da Associação Brasileira de Críticos de Arte (ABCA), pela publicação de livro intitulado *A brasilidade na pintura de César Romero*.

Realizou conferências e apresentou comunicações em diversos eventos culturais e filosóficos. Além de assinar vários livros de ensaio e poesia, é autora de inúmeros textos que se diversificam em artigos, ensaios, comunicações acadêmicas, prefácios e posfácios publicados em mídias especializadas. Vários escritores e teóricos fizeram apreciações sobre seu trabalho poético, entre eles, Cláudio Willer, autor do livro intitulado ***Mirian de Carvalho: a poesia em movimento***, São Paulo: Quaisquer, 2018. A autora assina o *Blog da Mirian*, no Digestivo Cultural.